SIMPLE ÉCRIT

d'Abel Transon

AUX

SAINT-SIMONIENS.

Vous ne ferez plus un progrès important, un pas capital, avant d'avoir compris et reconnu que Saint-Simon n'ayant produit aucune idée neuve sur la nature et les destinées de l'*individu*, non plus que sur les relations intimes de *l'homme et de la femme*, sa doctrine ne peut nous fournir aucun procédé nouveau d'*association*, aucune conception originale sur *l'organisation* du travail pacifique.

PARIS.

IMPRIMERIE D'ÉVERAT,

Rue du Cadran, n° 16.

1er Février 1832.

RÉSUMÉ.

1° Depuis que les Saint-Simoniens sont entrés dans *l'ère de réalisation*, ils ont constaté leur impuissance à réaliser *l'association*. Raison de cette impuissance.

2° Vérification *scientifique* très-simple et très-facile à laquelle doit satisfaire la *doctrine d'association*.

3° Comment les Saint-Simoniens pourraient commencer immédiatement à réaliser *l'association*.

OUVRAGES DE M. CHARLES FOURIER.

Le nouveau monde industriel et sociétaire, *ou invention du procédé d'industrie attrayante et naturelle distribuée en séries passionnées;* 1829. 1 fort vol. Prix : 6 fr.

Traité de l'association domestique agricole; 1822. 2 forts vol. Prix : 7 fr. 50 c.

Théorie des quatre mouvemens et des destinées générales; 1808.

Ces ouvrages se trouvent chez l'auteur, rue Richelieu, n° 45 bis, et chez Bossange père, rue Richelieu, n° 60.

———

Il sera très-utile aussi aux Saint-Simoniens de lire l'ouvrage de M. Just Muiron (*Vices des Procédés industriels;* 1824.) pour être à même d'établir une première comparaison entre les travaux de la doctrine Saint-Simonienne sur *l'industrie* et les idées de M. Fourier.

Paris. Imprimerie d'Everat, rue du Cadran, N° 16.

Simple Écrit

D'ABEL TRANSON

AUX

SAINT-SIMONIENS.

Vous ne ferez plus un progrès important, un pas capital, avant d'avoir compris et reconnu que Saint-Simon n'ayant produit aucune idée neuve sur la nature et les destinées de *l'individu*, non plus que sur les relations intimes de *l'homme et de la femme*, sa doctrine ne peut nous fournir aucun procédé nouveau d'*association*, aucune conception originale sur *l'organisation* du travail pacifique.

Je vais vous faire part des motifs qui m'ont déterminé à me séparer du père Enfantin et de l'œuvre qui s'accomplit sous sa direction. J'avais d'abord l'intention de donner à cet écrit une plus grande étendue ; mais j'ai senti combien le rôle de critique me serait pénible envers un homme qui m'a toujours traité comme son fils , envers des hommes de qui je n'ai personnellement reçu que des témoignages d'affection. Je serai aussi court qu'il me sera possible.

J'ai pris part pendant deux années aux travaux de la Société Saint-Simonienne , annonçant une RELIGION définitive, une organisation nouvelle de l'*industrie* et une *science* générale qui servirait de lien à toutes les sciences.

Annonçant tout cela, nous avons vraiment *continué* Saint-Simon, qui écrivait en 1825, dans *le Nouveau Christianisme :* « J'EXPOSERAI une nou-
» velle morale, un nouveau dogme et un nouveau
» culte. » Et nos travaux n'ont pas été sans succès, puisque aujourd'hui la plupart des meilleurs esprits sont disposés à reconnaître qu'il faut à l'humanité un nouveau culte, un nouveau dogme et une morale nouvelle.

Aussi long-temps que nous n'avons eu rien autre chose à faire que d'*annoncer* une transformation religieuse de l'humanité, j'ai donné en plein dans l'erreur générale qui nous faisait croire à tous que Saint-Simon nous avait légué la *science* universelle, l'organisation de l'*industrie* et la RELIGION définitive ; mais depuis que nous sommes entrés dans l'*ère de réalisation,* mon illusion s'est successivement dissipée , soit par l'éveil que m'avait donné Jules Lechevalier en se séparant (1), soit par la lecture des ouvrages de Charles Fourier, soit enfin par l'impuissance où est la doctrine d'*associer* réellement les hommes, impuissance qui devenait chaque jour plus manifeste pour moi.

Je sais que ce langage blessera beaucoup de personnes que j'aime. Je les prie de lire patiemment et de ne pas juger sans réflexion.

Voici mes dernières paroles au père Enfantin, paroles après lesquelles je ne pouvais plus rester auprès de lui, puisqu'il ne les a pas acceptées; je lui ai dit, le 7 janvier : « Vous ne ferez plus un » progrès important, un pas capital, avant d'a- » voir compris et reconnu que Saint - Simon, » n'ayant produit aucune idée neuve sur la nature » et les destinées, de l'*individu,* non plus que sur » les relations *intimes* de l'homme et de la femme » SA doctrine ne peut nous fournir aucun procédé » nouveau d'*association,* aucune conception ori- » ginale sur l'*organisation* du travail pacifique. » Je vais vous faire sentir la vérité de ces paroles.

Quinze cents ouvriers environ, les femmes et les enfans compris, sont réunis le dimanche à la salle Taitbout. On y développe en eux les sentimens les plus nobles et les plus religieux; mais

______

(1) La séparation de Jules avait, par rapport aux autres dissidens, ce caractère particulier qu'il acceptait la *négation* de la morale chrétienne.

puisque nous sommes entrés dans la *réalisation*, il s'agit apparemment de *réaliser* l'association industrielle. Or, Saint-Simon disait en 1817, parlant des réunions scientifiques : « Par quel étrange » aveuglement peuvent-ils se persuader que, pour » former une *société*, il suffit de se réunir de » temps en temps dans la même salle ? Où sont les » *idées scientifiques* communes de nos physiciens, » de nos géomètres, de nos chimistes, etc...? Il » est trop clair qu'ils n'en ont pas, et ils se croient » associés! » Je demande, moi, où sont les *travaux industriels* communs des Saint-Simoniens? Il est trop clair qu'ils n'en ont pas, et pourtant ils se croient associés !

Je sais qu'on s'occupe de fonder un atelier de tailleurs, un atelier de cordonniers et un atelier de couturières ; je sais qu'on prépare des maisons communes (*pour les ouvriers*) dans divers quartiers de Paris, et je sais encore qu'il y a parmi vous quelque vague pensée de former une grande entreprise industrielle qui permettrait d'organiser une *armée pacifique* où le culte aurait bientôt pris un grand développement ; une armée autour de laquelle se grouperaient les industries secondaires, comme tailleurs, cordonniers, etc., et qui offrirait de l'emploi à tant d'artistes, d'ingénieurs, de médecins, qui sont impatiens d'unir leurs travaux à ceux du peuple. Je sais qu'une telle entreprise bien conçue serait une base solide pour l'emprunt saint-simonien, présentant aux capitalistes, aux banquiers, une garantie de *bénéfices pécuniaires*, ce qui serait très-bon ; car, ainsi que le dit très-judicieusement *Olinde Rodrigues*, qui le sait par expérience, on ne peut se présenter utilement aux banquiers que pour une *affaire d'argent*, et ces hommes ne viendront à la doctrine que lorsqu'ils y trouveront *de l'argent* à gagner. (Voir *le Globe* du 30 décembre.)

Je sais tout cela, et c'est précisément à l'occasion de ces projets que je vous dis : Saint-Simon ne nous ayant rien appris sur la nature de l'*individu*, ni sur les relations *intimes* des deux sexes, SA doctrine nous laisse dans l'impuissance de rien concevoir et de rien réaliser comme *association*, qui ne soit pas une simple copie du passé. Suivez-moi, je vous prie, avec toute votre attention.

Nous savons depuis long-temps, et nous avons toujours enseigné que l'ère sociale qui se prépare aura pour double caractère l'affranchissement de la femme et celui de l'industrie, car le sort de l'industrie est lié à celui de la femme ; mais quand nous avions dit d'une part : le travail industriel deviendra *fonction sociale*, et, d'autre part, le *fonctionnaire social* sera l'homme ET la femme, nous pensions avoir proclamé, relativement à la femme et à l'industrie, les principes les plus larges d'*association* : en quoi nous étions singulièrement aveugles.

Ce n'est pas seulement la constitution *sociale* qui pèse sur l'industrie; l'industrie est, aussi bien que la femme, sous le joug abrutissant de la MORALE chrétienne, de cette morale qui fait de la *constance* un devoir essentiel et universel, une voie à tous de progrès et de perfection. Considérez que dans les sociétés modernes, la loi de *l'amour exclusif*, imposée par le christianisme à l'humanité, s'est traduite aussi bien dans l'attribution des fonctions industrielles que dans l'établissement du mariage; et vous comprendrez alors que, si le sort de l'industrie est lié à la condition sociale de la femme, ce n'est pas, comme on l'a dit assez grossièrement, parce que la femme *produit* des enfans. Voyez bien que le cordonnier, le tailleur, le fondeur, l'horloger, etc., sont liés, *mariés*, et mariés *chrétiennement*, c'est-à-dire sans *divorce* possible, à L'UNIQUE métier qu'ils ont une fois *épousé*. Et c'est là ce qui rend si répugnans les arts *mécaniques*, en opposition aux arts qu'on appelle arts *libéraux*. Un peintre d'histoire, par exemple, peut très-bien et très-utilement s'occuper de paysage, de statuaire, d'architecture, de danse et de musique; il peut consacrer une partie de son temps aux sciences, à la littérature, etc.; c'est pourquoi il y a, dans ce genre, des artistes et des *amateurs*. Mais, je vous prie, qui de vous sera jamais *amateur* de peinture en bâtimens, aussi long-temps que l'exercice de cette industrie remplira toutes les heures du jour , et toutes les journées de la vie.

Vous allez fonder ateliers de tailleurs, de cordonniers, de couturières, et vous croirez avoir *affranchi* ces ouvriers , parce que vous les aimerez comme vos enfans ou comme vos frères. Mais montrez-moi l'homme ou la femme des classes privilégiées, fût-il Saint-Simonien, qui ne croirait pas entrer en SERVITUDE , s'il lui fallait se résigner au travail de vos ateliers.

Et à ce sujet, Charles Fourier, qui depuis long-temps possède et indique les moyens de rendre *attrayans* tous les travaux industriels, avait-il tort de dire , dans son pamphlet contre nous : « Les » Saint-Simoniens tombent à chaque pas dans des » erreurs choquantes ; on voit leur journal , *le* » *Globe* , déclamer trois cent soixante fois par an » contre les oisifs, *qui ont raison d'aimer l'oisiveté*, » tant qu'on ne leur présente que l'industrie ré-» pugnante. »

Vos ateliers, aussi bien que vos maisons communes, auront nécessairement le caractère d'uniformité *monastico-chrétienne*, qui est aujourd'hui le caractère général de tous les travaux industriels. Ces fondations ne pourront établir, par cela même, aucun lien *nouveau* entre les diverses classes de la société. Ce n'est pas que je prétende blâmer les *réalisations* de la doctrine en ce genre ; c'est une bonne chose à faire que du *christianisme* , quand on ne sait faire rien de mieux. Ce qui est très-important seulement, c'est de ne pas se faire illusion à soi-même, et ne pas se croire les *réalisateurs* de l'avenir, quand on ne s'élève pas, en fait de *réalisation*, au dessus de la charité chrétienne.

Pour ce qui est de *la grande armée* des travailleurs pacifiques, il y aurait beaucoup de raisons à donner pour montrer que ce n'est pas par cette voie qu'on peut le plus utilement commencer la *réalisation* de l'association universelle. Il suffit, en ce moment, de bien comprendre que Saint-Simon nous a laissés très-ignorans sur les moyens *d'organiser* l'industrie, et sur l'art *d'associer* les hommes. Sans doute on pourrait transporter dans l'industrie l'organisation militaire ; le peuple est aujourd'hui *naturellement* industriel, comme il était *naturellement* guerrier dans les sociétés anciennes. Un gouvernement qui comprendrait cela bien nettement, qui se proclamerait *monarchie industrielle*, et qui organiserait *politiquement* les travaux de la production, deviendrait aussitôt *gouvernement national*, et pourrait, en peu de temps, et sans coup férir, annuler la prépondérance des puissances rétrogrades, dont les peuples, séduits par notre exemple, refuseraient absolument d'aider les projets de guerre et de restauration féodale. Saint-Simon en était là, dans ses *Cahiers sur l'industrie* (1817), dans le *Catéchisme des industriels* (1824), et dans les *Opinions philosophiques* (fin 1824), lorsqu'il voulait donner aux banquiers la plus haute puissance politique. Et comme vous ne savez rien de mieux, en fait de *pratique* et de *réalisation*, vous avez raison de prendre ces ouvrages pour base de votre politique présente. Mais, je le répète, tout ce que vous pouvez aujourd'hui proposer, tout ce que vous pouvez imaginer de plus large, en fait *d'organisation industrielle*, c'est de transporter dans l'industrie les institutions militaires, après toutefois les avoir dépouillées de leurs formes barbares, et les avoir rappelées à leur caractère chevaleresque et enthousiaste des temps du moyen âge. Sans doute vous pouvez, en suivant cette voie, provoquer un grand progrès sur la situation actuelle ; mais vraiment c'est bien mesquin de ne savoir faire au dix-neuvième siècle que du *Charlemagne pacifique.*

Tenez bien fermement le fil de ces idées.

Relativement à la *femme*, il ne suffit pas de répéter après Saint Simon : *l'individu social, c'est l'homme et la femme* (1), car on pourrait très-bien accommoder ce grand principe avec les principes du christianisme sur le mariage.

(1) J'ai rappelé au public et à la doctrine, après ma prédication du 1ᵉʳ janvier sur l'affranchissement des femmes, que *Charles Fourier* avait présenté dès 1808 la conception d'un ordre social où la femme est associée à l'homme sur le pied de l'égalité, et qu'il avait exposé ses idées en très-grand détail dans un ouvrage publié en 1822, et reproduit sous une forme abrégée par Just Muiron en 1824, avant la mort de Saint-Simon.

Relativement à l'*industrie*, il ne suffit pas, comme Saint-Simon l'a fait, d'élever le travail industriel au rang de *fonction sociale;* car l'industrie pourrait conserver néanmoins le caractère d'uniformité répugnante et abrutissante des travaux monastiques.

L'organisation de l'industrie est liée à la condition sociale de la femme, parce que la règle du travail, aussi bien que la loi du mariage, découle toujours de la conception morale sur la nature humaine, sur la nature et les destinées de l'*individu*.

Ainsi, quiconque n'a pas produit ou accepté une théorie nouvelle sur les relations intimes de l'homme et de la femme, ne pourra rien faire de neuf en *association;* il ne pourra *réaliser* que de l'industrie *chretienne* ou *juive*.

Et comme le père Enfantin n'a encore fait que *proposer* une nouvelle théorie morale, et que cette théorie n'est pas proposée par lui comme une *doctrine*, comme une LOI, mais simplement comme une opinion personnelle, ayant pour *unique* objet de provoquer la femme à parler librement, et à exprimer ses désirs; comme le père Enfantin « *at-* » *tend* la femme pour trouver avec l'homme la loi » définitive, sous laquelle l'homme et la femme » s'uniront et vivront dans une *sainte égalité.* » (Réunion générale du 10 novembre). Et comme, *en attendant*, il impose à la famille Saint-Simonienne la morale du monde extérieur, il en résulte en principe , comme cela est vérifié par le fait, que, par rapport à l'avenir, vous n'êtes pas plus dans *l'ère de la réalisation* , qu'avant l'éloignement du père Bazard. Vous avez seulement donné un peu plus d'extension à vos œuvres chrétiennes et juives.

Mais enfin, puisque, ainsi que je l'ai reconnu, ce qu'on fait à l'égard des ouvriers est bon, *en attendant* qu'on puisse faire mieux , surtout puisque le père Enfantin *propose* une *morale nouvelle!* Qu'importe l'illusion de ceux qui l'entourent et qui pensent *réaliser* l'avenir en copiant le passé. Je ne vous dirai pas qu'il est difficile de travailler à une même œuvre , avec des hommes qui sont si fortement aveuglés sur le caractère de cette œuvre. Le *difficile* n'est pas un motif d'excuse apostolique ; mais c'est qu'en effet je ne vous ai pas encore dit les plus hauts motifs de ma séparation.

J'arrive donc à vous parler du père Enfantin et de ses *théories.*

Écartant d'une main *Bazard,* et de l'autre tirant après lui *Rodrigues* , ENFANTIN s'est avancé, niant la morale chrétienne et celle des philosophes, annonçant hautement que TOUT est naturellement bon dans l'homme, qu'il faut donner satisfaction à la *chair* aussi bien qu'à l'*esprit*, et que le problème social de l'avenir consiste uniquement à savoir diriger, ordonner, combiner les *appétits des sens* et les *appétits intellectuels.*

Cette réhabilitation de tous les désirs qui sont au cœur de l'homme, ce développement, cet essor promis à toutes les passions, tout cela découlait logiquement du dogme enseigné dans la doctrine depuis les travaux d'*Eugène Rodrigues*. Aussi plusieurs, se voyant amenés à de tels résultats, reculèrent épouvantés.

Pour moi, acceptant complétement la position du problème social ; d'ailleurs n'imaginant pas d'autre solution que celle du père Enfantin ; je le suivais. Mais je trouve qu'un homme a, dès l'année 1808, proclamé *l'unité, l'harmonie, l'association universelle;* que dès cette époque il a eu la vigueur peu commune de poser ce large principe auquel la Société Saint-Simonienne n'arrive en 1832 qu'à grand'peine et à travers une crise douloureuse. Je trouve que, dès cette époque (1808), cet homme proposait le plan d'un ordre social où les passions humaines qui, étant généralement faussées, sont aujourd'hui une cause de désordre pour la société et de ruine pour les individus, deviendraient les ressorts les plus puissans de *l'association,* et les voies les plus sûres de *bonheur,* de *richesse* et de *santé*. Je trouve que cet homme a présenté ses idées dans un ordre systématique et dans le plus grand détail en 1822 : (*Traité de l'association domestique agricole*), et sous une autre forme en 1829 (*Nouveau monde industriel*); que dans ces divers ouvrages il offre des solutions sur plusieurs questions qui sont capitales en fait d'association : questions dont Saint-Simon ne s'est jamais occupé, et sur lesquelles nous sommes très-faibles. Par exemple, celles-ci :

— Moyens de répandre le charme et l'enthousiasme dans les travaux de toute sorte. — Répartition des produits, ou rétribution proportionnelle avec garantie de satisfaire tous les associés. — Éducation attrayante. — Libre essor des passions, sauvé d'excès et de dégoût par l'affluence et la variété indéfinie des plaisirs. — Concours des deux intérêts collectif et individuel. — Équilibre de population, etc., etc......

Étonné alors des jugemens inconsidérés que depuis deux ans nous portions sur M. Ch. Fourier, je pris de ses ouvrages une connaissance trop imparfaite encore pour être en état d'accepter entièrement sa doctrine, mais suffisante au moins pour sentir toute la pauvreté de la nôtre comme *doctrine d'association*, et pour sentir aussi ce qu'il y a de fautif dans la *théorie* du père Enfantin, même à ne prendre cette théorie que comme une *solution préparatoire* du problème social.

En effet, après avoir reconnu que Dieu n'ayant rien fait en vain, un ordre social vraiment conforme aux vues providentielles devra donner satisfaction à toutes les passions humaines, il semble que la première chose à faire était d'*énumérer* ces pas-

sions, d'*analyser* le cœur de l'homme, en un mot
de *détailler* pour ainsi dire la nature de l'INDIVIDU,
afin d'être à même de trouver les conditions d'association, d'harmonie, d'*engrenage* de tous les
individus. Le père Enfantin se borne à dire :

« Il y a des êtres à AFFECTIONS PROFONDES, du-
» rables, et que le temps ne fait que resserrer. Il
» y en a d'autres à AFFECTIONS VIVES, rapides,
» passagères, cependant puissantes, sur lesquelles
» le temps est une épreuve pénible, souvent in-
» supportable.

» Ces deux natures d'affections, toutes les fois
» jusqu'ici qu'elles se sont trouvées en présence,
» se sont méprisées, repoussées, éloignées, sa-
» lies.... La réunion de ces deux natures autour
» du PRÊTRE, qui les comprend l'une et l'autre,
» qui les sent également l'une et l'autre, qui les
» élève l'une et l'autre, constitue la RELIGION. »
(*Réunion générale du* 19 *novembre.*)

Ce n'est pas, comme on voit, L'INDIVIDU que le
père Enfantin a *étudié, décomposé, analysé*, c'est
l'HUMANITÉ ; aussi il n'a vu que les DIFFÉRENCES
qui *séparent* ce qu'il appelle les deux natures ; il
n'a pas pu connaître les rapports d'IDENTITÉ qui
peuvent les confondre et les *unir*. Et pour les
faire vivre en société, il ne sait plus que l'inter-
position de la troisième nature, du PRÊTRE, qui
comble la distance des deux autres. Or il n'est
point douteux qu'entre certains caractères for-

mant contraste il n'y ait des caractères qui comprennent l'un et l'autre, et dont l'action est nécessaire pour établir l'harmonie ; mais n'ayant vu que les différences qui distinguent les individus, le père Enfantin ne peut pas les faire vivre ensemble. Il est réduit à faire dans le *temple* et dans la *cité* les trois divisions dont il a parlé dans la *réunion générale* (19 novembre), et que C. *Duveyrier* a reproduites dans *le Globe* (12 janvier).

Remarquez d'ailleurs que cette erreur est ancienne et radicale dans la doctrine de Saint-Simon. Cette erreur justifie, sous un certain rapport, la critique que déjà plusieurs personnes nous ont adressée : « Vous parlez beaucoup de l'*humanité*, et vous ne connaissez pas l'*individu*. » La division que présente aujourd'hui le père Enfantin est une forme nouvelle de notre ancienne division de l'humanité en artistes, savans et industriels. L'*organisation politique* que nous en avions déduite avait le même caractère que l'*organisation religieuse* à laquelle nous sommes en ce moment conduits. Nous avions imaginé qu'une classe d'hommes serait consacrée à la science et une autre à l'industrie ; et, disions-nous, comme les *théoriciens* ne peuvent pas s'entendre directement avec les *praticiens*, nous mettons entre eux les *artistes* ou *prêtres* qui aiment également la *théorie* et la *pratique*. Et poussant cette analyse trinaire dans le détail, nous circonscrivions de plus en plus cha-

que individualité dans une fonction *exclusive*, ce
qui est, comme on a vu, le caractère de l'organisation *monastique* des chrétiens. Et aujourd'hui
nous arrivons à cette conception : Le PRÊTRE *relie*
les deux natures (affections vives et affections
profondes), *en ce sens* qu'il les tient soigneuse-
ment éloignées l'une de l'autre. Singulière façon
d'associer les hommes !

M. Charles Fourier, exposant l'organisation des
travaux par SÉRIES PASSIONNÉES de travailleurs, dit
textuellement : « *Une série ne peut pas s'organi-*
» *ser* A MOINS *de trois groupes, car elle a besoin*
» *d'un terme moyen qui tienne la balance entre les*
» *deux contrastes ou extrêmes.* » (1822). Mais
Fourier a l'immense supériorité d'offrir à un même
individu la faculté de s'affilier à une foule de *séries*
par lesquelles chacun variera ses exercices, dans
lesquelles chacun pourra remplir des fonctions
d'un *ordre* divers, et ainsi pourra mener de front
son développement sous le rapport des beaux-arts,
de la science et de l'industrie.

Pour établir l'association il faut savoir employer
les accords et les contrastes, les sympathies comme
les antipathies ; donc il faut connaître les qualités
qui distinguent les individus et celles qui leur
sont communes. Mais nous qui, dans les phases
successives de notre développement, avons toujours présenté comme la plus haute expression
de nos doctrines quelque division trinaire *de l'hu-*

manité : — division philosophique en théoriciens, praticiens et unitaires, — division politique en savans, industriels et artistes, — division religieuse en mobiles, immobiles et calmes ; — il est clair que nous n'avons jamais envisagé qu'une des faces de la question, ce qui est un vice capital de doctrine. De plus nous ne nous sommes pas mis en état de prouver, par aucune vérification, que cette analyse trinaire de l'humanité fût complète, c'est-à-dire que dans l'humanité il n'y ait que trois caractères essentiellement distincts ou *typiques* ; nous ne prouvons pas que l'association, c'est-à-dire l'harmonie et l'engrenage des passions, se puisse réaliser par le simple concours de ces trois caractères. Or il y a une vérification très-simple, très-facile et qui est de nature à porter dans les esprits la plus vive lumière, à produire une conviction complète et rapide.

Je vais mettre Enfantin à même de montrer immédiatement au monde s'il possède la vraie doctrine d'association.

Il y a unité de plan dans l'univers, et la sagesse de l'ensemble doit se retrouver dans chaque détail. Ainsi dès que l'humanité sera organisée selon les vues providentielles, le mouvement social devra se trouver en harmonie avec le mouvement universel ; c'est-à-dire que les divers groupes de l'association humaine devront dans leurs *combinaisons*, dans leurs *nombres*, dans leurs *fonctions* relatives, présenter une image des phénomènes généraux de tout ordre, (ordre astronomique, physique, physiologique, etc...) ; d'où il résulte qu'il suffirait de bien connaître l'organisation sociale définitive pour avoir la clef de toutes les sciences, pour être en état de déterminer les rapports de tous les faits observés.

Je défie tout homme vraiment religieux, tout homme qui croit à la sagesse du plan général, à l'unité universelle, d'opposer la moindre difficulté à cette conception, que M. Fourier établit en principe.

Cette idée indique à quelle condition la *théorie générale, lien encyclopédique des sciences,* peut être établie. Elle ouvre en même temps la seule voie de vérification *théorique* qui soit possible relativement à une doctrine d'*association universelle,* avant qu'on ait produit la vérification *pratique,* c'est-à-dire la réalisation.

Et je prie les Saint-Simoniens de considérer que pour eux ils doivent accepter cette base de vérification relativement à leurs doctrines, sans hésiter et sous peine de se mettre en contradiction avec leurs propres dogmes. Le dogme panthéistique établissant l'unité absolue de tout ce qui est, établissant qu'un fait unique, la VIE, se reproduit dans toutes les manifestations de l'ordre fini ; il en résulte que l'organisation d'un *être collectif* comme l'humanité doit présenter une analogie essentielle avec toute série qui, comprenant les *individus* d'un même genre, forme aussi un *être collectif*.

M. Fourier a présenté, en 1822, sous le titre d'*Association agricole et domestique*, une THÉORIE DE L'UNITÉ UNIVERSELLE, développement de son ouvrage de 1808 qui a pour titre, *Théorie des quatre mouvemens et des destinées générales*. En regard et comme vérification de ses idées sur l'association humaine, M. Fourier s'applique à montrer dans les phénomènes généraux des ordres les plus divers la confirmation par *analogie* des détails qu'il présente sur cette association. Appuyé sur le principe que je viens d'exposer, il ne craint même pas d'entrer dans l'explication des faits qui tiennent aux valeurs numériques, comme nombre et distances des planètes, attribution et nombre des satellites, etc..., distribution des formes géométriques dans le règne minéral, distribution des organes dans les règnes organiques, etc. Il aborde en un mot cette question mystérieuse de la *raison des nombres*, sur laquelle s'est évertué le génie sublime de Kepler, et que les savans modernes ont complétement abandonnée, depuis que Newton, par la nature et l'influence de ses travaux, a fait passer en principe qu'on doit introduire dans le calcul les résultats de l'observation comme des *données*, sans se mettre en peine de QUI les DONNE et du POURQUOI elles ont été DONNÉES telles au monde et non pas autres. Cette partie de l'ouvrage de **M.** Fourier n'est pas, à beaucoup près, la plus considérable ou la plus développée ; elle n'a de place que comme vérification auxiliaire ; même il faut convenir que M. Fourier n'ayant pas exposé en détail ses règles d'*analogie universelle*, les résultats auxquels il est conduit n'apparaissent souvent que comme des allégories ingénieuses ; d'autres fois il est tellement en dehors des idées vulgaires, qu'il semble entraîné dans une poésie tout-à-fait fantastique. Mais il ne s'agit pas ici d'apprécier sa doctrine non plus que ses vérifications. Il suffit que son principe *scientifique* soit incontestable pour qu'on doive l'appliquer à toute *théorie* d'association.

Je demande donc si la doctrine de Saint-Simon, au point de perfectionnement où elle est arrivée entre les mains d'Enfantin , présente le caractère de la véritable *doctrine d'association*, qui étant la science du mouvement social, doit, à cause de l'unité du plan providentiel, donner la raison de tous les phénomènes, rendre facile et simple la science du mouvement universel.

Si les Saint-Simoniens, à cause de la prépondérance donnée aujourd'hui parmi eux au culte et à l'industrie sur le dogme et la science, n'ont pas le loisir de tenter la vérification *théorique* très-simple et très-naturelle que je viens de leur indiquer d'après Fourier, je les invite au moins à ne point perdre les avertissemens que leur donne la *réa-*

lisation, cette vérification *pratique*. Peut-être que le caractère des *réunions des industriels*, peut-être que l'impuissance où nous avons été jusqu'ici, et où nous sommes encore (comme je l'ai montré en commençant) de former l'association des travailleurs, peut-être enfin que l'état intérieur de la famille saint-simonienne seront pour eux des raisons suffisantes de douter que nous ayons jamais possédé une vraie doctrine d'association.

Le doute est le premier pas vers la vérité ! Si Saint-Simon avait eu seulement la mission de proclamer ce qu'il y avait *à faire* en science, en industrie et en morale ? — lui qui, dès l'année 1808, caractérisait d'une manière si lumineuse les travaux de l'école moderne, et qui, sans se laisser éblouir par les hautes capacités scientifiques de l'époque, dénonçait hautement la nullité des savans sous le rapport de la *théorie générale*, —qui dans tous ses travaux postérieurs réclama une organisation nouvelle et générale de l'industrie, — qui, dès l'année 1817, écrivit qu'il fallait changer les bases de la morale, — lui enfin qui, dans son dernier ouvrage, se sépara complétement du passé, frappa aux portes de l'avenir, indiqua le vrai salut de l'humanité, annonçant un *nouveau christianisme*, annonçant l'*association universelle !* Si sa mission, dis-je, avait été seulement de préparer le monde à recevoir des idées si nouvelles, certes la gloire de Saint-Simon serait grande encore et son nom vivrait dans la mémoire des hommes. Seulement il serait bien pressant d'examiner si en effet nous manquons de solution aux problêmes sociaux que nous avons posés ; il serait bien important de s'assurer si , comme je le dis, nous n'avons reçu de Saint-Simon aucun procédé nouveau d'*association*, aucune idée vraiment *originale* sur l'organisation du travail pacifique. Cela n'empêcherait pas assurément de continuer l'œuvre qui se fait aujourd'hui sous la direction suprême d'Enfantin, puisque cette œuvre, ainsi que je l'ai montré, ainsi qu'Enfantin en est convenu avec moi, n'est pas une véritable association ; mais, comme nous serions un peu moins préoccupés de notre grandeur personnelle, nous jugerions moins légèrement ceux qui sont en dehors de nous ; nos oreilles ne seraient pas bouchées à toute vérité, nos yeux fermés à toute lumière venant du dehors ; enfin nous n'attendrions pas seulement la *femme* qui doit aider l'homme à trouver la morale de l'avenir, nous appellerions aussi l'*homme* qui ayant trouvé la véritable théorie de l'association pourrait nous mettre en état de fonder, non plus une *société apostolique,* comme a fait Saint-Simon, mais la *société humaine* définitive.

Pour moi, n'acceptant plus le caractère que jusqu'ici nous avons attribué à Saint-Simon et à l'œuvre continuée en son nom, reconnaissant dans notre doctrine de graves imperfections, ayant d'ailleurs éprouvé depuis deux mois qu'en restant sous l'autorité d'Enfantin j'étais impuissant à modifier la direction *théorique* ou *pratique* de la société saint-simonienne dans les points où cette direction me paraissait fautive, il m'est devenu évident que je ne pouvais plus rester dans la hiérarchie ni continuer de prendre part à ses travaux.

Et comme on est généralement prévenu dans la doctrine contre toute critique qui n'est pas accompagnée d'une affirmation; comme on paraît n'y pas sentir qu'une première chose à faire pour trouver la bonne voie, c'est de signaler les écueils de la mauvaise ; d'ailleurs étant moi-même profondément convaincu de la grandeur des œuvres que la société saint-simonienne pourrait immédiatement accomplir si elle savait faire un usage convenable de sa puissance acquise, je ne terminerai pas sans vous présenter quelques réflexions sur ce sujet.

J'ai dit que je ne connaissais pas assez la doctrine de M. Fourier pour l'adopter entièrement. Mais ce qui ne fait pour moi l'objet d'aucun doute, c'est qu'Enfantin pourrait avec les ressources pécuniaires et l'influence dont il dispose en raison des travaux antérieurs de l'apostolat, Enfantin pourrait, en suivant les idées de M. Fourier, former des associations qui auraient les avantages suivans :

1° Les travaux y présenteraient un tel charme qu'il en résulterait une fusion spontanée entre les familles sorties des rangs des prolétaires et celles qui ont reçu une éducation privilégiée (1).

L'inégalité même d'éducation des familles serait un lien d'association assurant la variété des travaux et la coopération de chacun à divers détails.

2° Ce charme des travaux joint au bénéfice (par économie) de l'association élèverait les produits dans une proportion énorme. Un autre motif d'élévation

(1) Le travail était si répugnant dans les sociétés anciennes que le mot *travail* était synonyme de *souffrance (laborare)*. Cette synonymie n'a pas encore complétement disparu, puisque nous disons d'une femme qui accouche : *elle est en travail.* — A la vérité, les Saint-Simoniens entourent ce mot *travail* de considération, d'honneur, de gloire, etc. Fourier a trouvé le moyen d'en faire dans le plus grand nombre des circonstances le synonyme de *plaisir.* C'est un coup de génie. J'ai rapporté la très-juste critique qu'il nous adresse sur ce que nos attaques contre les classes oisives ont d'inconséquent. Il n'a pas moins de raison lorsque, voulant montrer la nécessité de rendre le travail attrayant avant de prétendre associer les hommes, il fait remarquer que le peuple, qui déjà *chôme* un jour de la semaine quand ses bénéfices sont suffisans, *chômerait* plusieurs jours durant si on se bornait à augmenter ses ressources (soit par exemple en partageant plus équitablement les bénéfices entre lui et les capitalistes), sans ôter à ses travaux leur fatigue abrutissante. Sinon il faudrait pour qu'il ne désirât pas s'élever jusqu'à l'*oisiveté*, il faudrait le MORALISER ; mais les Saint-Simoniens ne peuvent pas vouloir d'une pareille solution, eux qui savent bien que l'homme n'est pas fait pour souffrir. — A la vérité, il y aura toujours des travaux qui, par eux-mêmes, seraient répugnans. J'engage les Saint-Simoniens à voir dans Fourier les solutions de cette difficulté.

*des bénéfices, c'est que les plaisirs de consomma-
tion, en tout genre, se trouvant liés, dans les mé-
thodes industrielles de M. Fourier, aux travaux
d'exploitation, la consommation perdrait pour la
première fois le caractère improductif qu'elle a aujourd'hui dans les sociétés civilisées.*

*3° Enfin dans ces associations les grands problè-
mes du classement selon la capacité et de la rétribution selon les œuvres seraient, par rapport aux
hommes, aux femmes et même aux enfans, résolus
très-facilement et à la complète satisfaction des
associés.*

Je le répète, je ne connais pas encore assez la
doctrine de Fourier pour l'adopter complétement,
mais je garantis à quiconque voudra surmonter
les premières difficultés qu'offre la lecture de ses
ouvrages, je lui garantis qu'il acquerra, en très-
peu de temps, une conviction entière sur les trois
points que je viens de signaler.

Je dis donc que, dans l'intérêt même de l'apostolat, et *pour faire cesser le plus rapidement la
crise européenne*, ce qui fut l'objet constant des
travaux de Saint-Simon, la chose la plus impor-
tante à faire pour ceux qui ont la prétention de
le continuer, c'est de montrer au monde, par des
exemples pratiques, les résultats merveilleux de
l'association. Nous annonçons depuis deux mois
que nous allons *réaliser* l'association, et nous
continuons toujours la même œuvre de *simple*

apostolat, par publications, enseignemens, missions, etc.; et nous n'avons encore entrepris que la *réalisation* d'un emprunt. Ce n'est point de ma part une critique, voyant très-bien que nous n'aurions pas su comment nous y prendre pour réaliser autre chose; mais aujourd'hui je viens dire à Enfantin :

Voici que Fourier vous présente les moyens de réaliser de véritables associations. Faites savoir au monde si vous refusez ces moyens. Il ne s'agit pas en ce moment de caractériser l'œuvre *théorique* de Fourier dans son ensemble, il s'agit de répondre à tous ceux à qui vous avez promis l'association, et dont vous avez adopté les enfans. C'est moi qui ai prononcé en votre nom cette adoption. C'est pourquoi je viens en leur nom vous demander à la face du monde si vous voulez vous borner encore à vous *affilier* des prosélytes de toutes les classes quand on vous apporte les moyens de les *associer*.

Je viens vous demander si vous continuerez long-temps de laisser les enfans de tous les Saint-Simoniens, les enfans que vous avez adoptés, si vous les laisserez long-temps exposés à tous les dangers de l'éducation civilisée; je demande si vous en resterez au projet de les enfermer dans une *maison d'éducation* quand on vous met à même d'*affranchir* aussi les enfans, quand on vous donne les moyens de faire éclore et de développer leurs capacités (ce qui est tout l'objet de l'éducation), en les *associant* eux aussi aux travaux de la société, transformés désormais en plaisirs.

Au nom de tous ceux qui, émus d'espoir aux promesses de Saint-Simon, viennent vous demander d'employer leurs efforts et leur vie au progrès de l'humanité, je viens vous demander, moi, si vous ne saurez employer jamais que des prédicateurs et des écrivains, quand vous pouvez organiser des travaux où chacun, en se livrant aux occupations les plus variées et les plus conformes à son goût, sera sûr de travailler directement à l'amélioration de ses semblables.

Au nom des femmes, dont vous réclamez l'affranchissement, je demande si vous vous bornerez toujours à leur faire sentir plus vivement leurs souffrances, quand vous pouvez immédiatement leur procurer un premier degré de liberté ; quand vous pouvez réaliser une association où leurs talens prendraient un développement naturel, où leurs travaux étant d'une importance égale à ceux de l'homme, les auraient bientôt élevées de fait à l'égalité et à la liberté sociale. Je demande si vous négligerez ce seul moyen praticable de les élever successivement et sans désordre à toute autre liberté.

Je vous demande enfin si vous continuerez votre mode d'emprunt lorsque vous pouvez demander de l'argent et l'employer d'une façon beaucoup plus profitable aux prêteurs ainsi qu'à l'apostolat. C'est beau et glorieux pour vous comme pour ceux qui vous donnent leur argent, que la réalisation d'un emprunt dont vous garantissez les rentes sur les apports à venir des futurs convertis. Mais enfin, aussi long-temps que vous n'appliquerez pas les fonds dont vous disposez à une œuvre qui soit productive par elle-même, ces apports successifs seront une œuvre de *pur dévouement*. J'écarte toute prévision défavorable ; mais je demande si ceux qui seront convertis et qui paieront les *rentes* de l'emprunt avec leurs *capitaux* ne seront pas *appauvris*. Or, je vous présente par Fourier le moyen d'employer les capitaux d'une manière tellement productive que le paiement des rentes étant prélevé sur les bénéfices de l'association, vous pourrez en employer une partie à l'apostolat et laisser encore tous les associés dans une situation plus heureuse sous tous les rapports que celle qu'ils auraient occupée dans le monde, sans compter que leur bonheur et leur richesse seront d'un exemple plus puissant à convertir la société que les meilleures publications et enseignemens.

S'il y a quelque chose d'obscur et de contestable dans Fourier, je le répète, ce n'est pas sur tous ces points.

Songez-y ! vous avez en vos mains tout le

fruit des travaux de Saint-Simon et des œuvres qui depuis six ans ont été accomplies en son nom. L'usage que vous allez faire de la puissance que tous ces travaux vous ont acquise donnera au monde la mesure de votre force et caractérisera la nature de l'œuvre qui vous était personnellement réservée. Si, pouvant réaliser l'association, vous cherchiez seulement à augmenter votre influence sur les discussions politiques en proclamant des principes très-larges, à la vérité, mais sur la pratique desquels vous seriez impuissant, votre œuvre, assurément, serait encore utile, mais purement transitoire, et il ne faudrait plus prétendre à opérer une transformation radicale dans l'humanité.

Pour moi, s'il en doit être ainsi, je ne cesserai pas de vous rendre grâce de la foi que vous m'avez donnée dans l'avenir et de l'énergie que vous m'avez inspirée; mais tout en regrettant de ne plus vivre au milieu de cette famille saint-simonienne où j'espérais être heureux, je ferai mes efforts pour m'unir à ceux qui sentiront comme moi dans toute sa grandeur l'œuvre qui est à faire.

Abel Transon,

Rue du Battoir-Saint-André-des-Arts, n. 22.

1er février 1832.

Post scriptum. Quand je terminais ce travail

est survenue la tentative ridicule de persécution exercée par le gouvernement contre les Saint-Simoniens. Cette circonstance ne m'a pas arrêté, parce que je sais toute la force d'Olinde Rodrigues et d'Enfantin contre les stupides accusations qu'on voudrait élever contre eux et qui ne peuvent avoir pour résultat que de leur assurer la sympathie de tous les hommes de cœur.

On pourrait croire, d'après ce que j'ai dit dans le cours de cet écrit sur la nécessité de *varier* les travaux industriels , que les saint-simoniens sont très-près de la solution du problème social relativement à l'organisation des travaux, puisqu'ils réhabilitent la *mobilité*. Assurément c'est un premier pas ; mais pour que la mobilité ne produise pas une stérile agitation, il faut, dans le cours d'un même travail, savoir développer deux autres passions sans lesquelles il n'y aurait que fatigue et ennui. L'ardeur au travail, dans une association, ne peut provenir que de la rivalité d'où naissent la *cabale* et *l'intrigue*, ou bien du concours passionné d'où naissent *la fougue aveugle, l'enthousiasme*.

Besoin de changement, génie d'intrigue, ardeur irréfléchie, sont les trois passions qu'il faut satisfaire, selon M. Fourier, pour rendre l'industrie attrayante ; mais pour qu'elles ne soient plus, comme aujourd'hui, causes de désordre, il faut une organisation toute nouvelle ; il faut un *nouveau mo de industriel.*

J'ai insisté sur le vice de notre doctrine relativement à l'analyse des passions humaines. Ce défaut nous a fait confondre les lois d'association qui correspondent aux diverses passions. Nous avons connu, par exemple, la loi d'association qui correspond au développement de *l'ambition*, et dans laquelle le supérieur entraîne l'inférieur

et le redresse ; et nous avons voulu étendre les mêmes lois aux diverses autres passions. Nous avons cru que les autres passions de-
vaient être soumises au même principe hiérarchique que l'ambition.
Nous étions bien ignorans sur *le nouveau monde passionnel*. (Voir
la *Théorie de l'association domestique agricole*, tome 1, 2ᵉ no-
tice.)

* * *

e rapporte ici quelques fragmens du discours préliminaire de la
Théorie des quatre mouvemens (1808):

« Une inquiétude universelle atteste que le genre humain n'est
point encore arrivé au but où la nature veut le conduire ; et cette
inquiétude semble présager quelque grand événement qui changera
notre sort. Les nations, harassées par le malheur, s'attachent avide-
ment à toute rêverie politique ou religieuse qui leur fait entrevoir
une lueur de bien-être ; elles ressemblent à un malade désespéré qui
compte sur une miraculeuse guérison. Il semble que la nature souffle
à l'oreille du genre humain qu'il est réservé à un bonheur dont il
ignore les routes, et qu'une découverte merveilleuse viendra tout à
coup dissiper les ténèbres de la civilisation. »

» ...... Les philosophes ont cherché à éluder le problème que
présentait la malice humaine : problème qui conduisait à suspecter
la civilisation ou à suspecter Dieu. Ils se sont ralliés à une opinion
bâtarde, celle de l'athéisme, qui, supposant l'absence d'un Dieu,
dispense les savans de rechercher ses vues, et les autorise à donner
leurs théories capricieuses et inconciliables pour règle du bien et du
mal. L'athéisme est une opinion fort commode pour l'ignorance politique et morale ; et ceux qu'on a surnommés esprits forts pour avoir
professé l'athéisme se sont montrés par là bien faibles de génie......
Sur ce point les philosophes ne sont pas les seuls en défaut ; s'il est
absurde de ne pas croire en Dieu, il n'est pas moins absurde d'y
croire à demi ; de penser que sa providence n'est que partielle ; qu'il
a négligé de pourvoir à nos besoins les plus urgens, comme celui
d'un ordre social qui fasse notre bonheur. »

» ..... Lorsque j'eus reconnu que les *sectes progressives* assu-
rent un plein développement aux passions des deux sexes, des divers
âges et des diverses classes ; que dans ce nouvel ordre on acquerra

d'autant plus de vigueur et de fortune qu'on aura plus de passions, je conjecturai de là que si Dieu avait donné tant d'influence à l'attraction passionnée et si peu à la raison son ennemie, c'était pour nous conduire à cet ordre des sectes progressives qui satisfait en tous sens l'attraction..... J'en vins au CALCUL ANALYTIQUE ET SYNTHÉTIQUE DES ATTRACTIONS ET RÉPULSIONS PASSIONNÉES, et je reconnus bientôt qu'il y avait UNITÉ DE SYSTÈME DE MOUVEMENT POUR LE MONDE MATÉRIEL ET SPIRITUEL. » (Ces mots sont en petites capitales dans le texte.)